Animali sorprendenti

Pavla Hanáčková e Ana Miminoshvili

DoReMi

Farfalla

Le farfalle vengono ammirate da tutti per la bellezza delle loro ali. Di norma sono attive durante il giorno. Sebbene in generale siano belle e utili, esistono delle eccezioni: ce ne sono alcune dai colori così spenti che nemmeno sembrano farfalle. Altre, invece, possono danneggiare le coltivazioni e le foreste.

BELLEZZE RICERCATE

1 Al crepuscolo

Quando il sole tramonta, entrano in scena le regine delle tenebre. Volano seguendo la luce, e a volte scambiano quella di una lampadina per la luce della luna, che le aiuta a orientarsi. Alcune volano anche di giorno. Sebbene le falene siano considerate infestanti, alcune sono ritenute utili.

2 Creature pelose

Le falene sono molto più grosse e pelose delle farfalle. Le loro ali sono vellutate e quelle superiori sono unite a quelle inferiori. Le antenne, infine, sono molto più grandi. Come mai sono fatte così? Le falene sono prede ambite dai cacciatori notturni, come i pipistrelli. I peli sottili che le ricoprono permettono loro di volare senza fare rumore, sfuggendo così ai sofisticati strumenti di caccia dei predatori.

3 Look furbissimo

Le falene non vogliono certo essere facili prede e per questo scelgono un look meno appariscente delle farfalle. Nonostante ciò, alcune di loro hanno colori stupendi: un esempio è la sfinge della vite, una vera bellezza.

Nel regno degli animali

Nel regno animale ci sono moltissime creature diverse. Capita che alcuni animali vengano scambiati per fratelli. In alcuni casi sono solamente parenti alla lontana; altre volte, invece, non hanno niente in comune e vivono addirittura in continenti diversi! Com'è possibile? Il mondo è vario, sì, ma ci sono ambienti simili, e anche le strategie di sopravvivenza si assomigliano: se avere il manto a chiazze o a strisce può aiutare a sfuggire ai predatori, non c'è da stupirsi che alcuni animali abbiano sviluppato queste caratteristiche. Api e vespe, coccodrilli e alligatori sono solo due esempi di animali che tendiamo a confondere per via del loro aspetto.
Impara a conoscere bene queste meravigliose creature, dalle somiglianze alle differenze.

Falena

Quando tramonta il sole e le farfalle vanno a dormire, si svegliano le falene. Le falene non hanno alcun bisogno di vantare colori sfavillanti, anzi: i colori scuri le aiutano a nascondersi dai nemici. Per loro, muoversi al buio non è un problema, perché non si orientano grazie alla vista ma all'olfatto. È per questo che hanno antenne molto grandi!

BELLEZZE IN INCOGNITO

2 Riconoscere una farfalla

Riconoscere una farfalla è molto semplice: è elegante, snella ed è dotata di due paia di ali in grado di muoversi in modo indipendente l'una dall'altra. Un'altra caratteristica che la distingue sono le antenne sottili, che spesso all'estremità hanno un piccolo rigonfiamento.

3 Ali di farfalla

Le ali delle farfalle sono dotate di minuscole squame posizionate come le tegole su un tetto. Su queste squame c'è un pigmento, una sostanza chimica che dà colore alle ali e riflette la luce, conferendo loro un aspetto scintillante.

1 Fiori colorati

Di solito queste creature sono visibili durante il giorno, mentre volano di fiore in fiore mostrando a tutti le loro bellissime ali colorate. Con le lunghe proboscidi succhiano il nettare e impollinano le piante. Quando volano si orientano seguendo la posizione del sole.

4 Ali mimetiche

Le falene non riescono a unire le ali come fanno le farfalle. Quando riposano, le lasciano in posizione orizzontale: dopotutto, è la parte superiore delle ali a essere mimetica. Se i nemici riescono a individuarle, le falene hanno un asso nella manica: nella parte inferiore delle ali hanno dei disegni in grado di spaventare anche i predatori più coraggiosi.

5 Benvenuta al mondo

Anche le falene attraversano varie fasi di metamorfosi. A differenza dei bozzoli delle farfalle però, quelli delle falene hanno colori scuri e forme simili tra loro. Questo perché di solito si trovano sottoterra e di conseguenza non necessitano di ulteriori protezioni.

Ghepardo

Di sicuro avrai sentito parlare di questo fenomenale velocista. Il ghepardo va a caccia di giorno, girovagando per la savana africana e rincorrendo le prede. Così facendo evita i predatori concorrenti, che cacciano di notte. Quando non sono alla ricerca di cibo, i ghepardi si riuniscono in piccoli gruppi. Sebbene siano felini grossi e maculati, hanno alcune caratteristiche che li differenziano dai loro parenti.

VELOCISTA MACULATO

1 Cacciatore nato

Il leopardo ha una struttura slanciata, ma è più grosso e muscoloso del ghepardo. Non ha alcun bisogno di essere veloce, perché le sue strategie di caccia sono altre. Può permettersi quindi di pesare un po' di più. La sua coda lo aiuta a mantenere l'equilibrio, soprattutto quando si muove sugli alberi.

2 Ben nascosto

Il leopardo è un animale che si adatta a vari ambienti. Alcune sottospecie vivono nel deserto, altre in alta montagna: dalle caratteristiche del luogo dipendono le loro strategie di caccia. A volte si nascondono nella vegetazione in attesa della preda. Spesso i leopardi si riposano sui rami degli alberi, su cui si arrampicano e da cui saltano con grande abilità.

3 Lezioni di caccia

Quando si tratta di cacciare, il leopardo sfrutta la sua capacità di strisciare fuori dalla vegetazione e balzare sulla preda. Prima di tutto la pedina, poi striscia lentamente per avvicinarsi e infine le salta addosso. Spesso il leopardo deve abbassarsi e strisciare molto vicino al terreno, per cui deve avere muscoli molto forti nelle spalle e nel collo.

4 Un momento di relax

Quando una farfalla vuole riposarsi, unisce le ali. In questo modo riesce a sfuggire allo sguardo di qualunque potenziale nemico: la parte inferiore delle ali, a differenza di quella superiore, ha colori decisamente poco appariscenti. Grazie a questo trucchetto la farfalla può rilassarsi senza farsi notare.

5 Fuori dal bozzolo

Prima di diventare adulte, le farfalle attraversano le fasi della metamorfosi. Dall'uovo esce il bruco, che poi si trasforma in crisalide. La crisalide è racchiusa in un bozzolo, dove cresce e matura. I bozzoli delle farfalle sono appesi a testa in giù in luoghi visibili a tutti.

Leopardo

Se vuoi scorgere questo grosso felino aguzza la vista: i leopardi cacciano di notte, e di giorno amano nascondersi sugli alberi o nei punti dove la vegetazione è più fitta. Sono cacciatori abilissimi e molto forti: non hanno alcuna difficoltà a trasportare la loro preda su un albero!

CACCIATORE IN INCOGNITO

2 L'habitat perfetto

Il ghepardo ama gli spazi aperti, come la savana, dove può dare il massimo delle sue abilità da velocista. In queste condizioni, vista l'assenza di ostacoli, può superare i 100 km/h.

3 Strategie di caccia

Il ghepardo caccia le sue prede (per esempio antilopi e gazzelle) rincorrendole. Grazie alla sua struttura, e in particolare alla flessibilità della colonna vertebrale, può cambiare rapidamente direzione durante la corsa. A differenza del leopardo, non balza sulla preda, ma la fa inciampare. E poi la cattura.

1 Nato per correre

Il corpo del ghepardo ha tutta una serie di caratteristiche che lo rendono l'animale di terra più veloce in assoluto. La sua struttura è stata pensata per dargli velocità: è un animale slanciato e longilineo, con la testa piccola e la colonna vertebrale flessibile. La lunga coda ha la funzione di un timone e, quando corre, lo aiuta a mantenere la giusta direzione. Il ghepardo non è un maratoneta; preferisce le gare di velocità.

4 Look griffato

Il manto del leopardo è decorato da chiazze dalla forma bizzarra, dette rosette, uniche per ogni esemplare e utili a distinguerli (proprio come facciamo noi con le impronte digitali). Grazie al suo manto, il leopardo è perfettamente in grado di mimetizzarsi.

5 Zampe

Le zampe anteriori del leopardo sono più grandi di quelle posteriori. I muscoli più grandi e più potenti gli permettono di trascinare le prede sugli alberi. Gli artigli sono retrattili e li utilizza quando si arrampica sugli alberi, ferma una preda o combatte con un rivale.

4 Colore del manto

Il manto del ghepardo è decorato da puntini e chiazze nere, che lo aiutano a mimetizzarsi nella vegetazione alta della savana. Sul volto ha delle striature nere simili a lacrime, che probabilmente servono ad assorbire la luce del sole e deviarla dagli occhi.

5 Armi da caccia

Il ghepardo riesce ad accelerare così rapidamente grazie alla potenza delle zampe posteriori, che gli permettono di raggiungere alte velocità in pochissimo tempo. Gli artigli del ghepardo non sono retrattili e ciò aumenta ulteriormente la potenza delle zampe.

3 Piloti sottomarini

I pinguini sono considerati uccelli, anche se non sanno volare. Nell'arco di milioni di anni le loro ali sono diventate arti che usano principalmente come pinne. Sott'acqua sono così abili che vengono considerati nuotatori senza rivali!

1 Stile classico

Tutti i pinguini hanno la classica livrea bianca e nera, che vivacizzano con una cresta attorno agli occhi o una chiazza gialla sul petto. Quando raggiungono l'età adulta non cambiano più aspetto, ma da giovani ricercano lo stile che più si addice loro facendo la muta, ovvero sostituendo le piume vecchie con quelle nuove.

2 Passo dopo passo

Le zampe dei pinguini sono dotate di grossi artigli che li aiutano a camminare su terreni scivolosi e accidentati. In più sono palmate, e questo li rende imbattibili sott'acqua!

Pulcinella di mare

Lo sapevi che questo piccolo uccello acquatico bianco e nero è conosciuto anche come pinguino del nord? Non c'è da stupirsi, quindi, che questi due uccelli vengano spesso confusi. Entrambi vivono nei mari freddi, camminano in modo buffo e indossano un "completo" bianco e nero.

ABILE PILOTA

Pinguino

I pinguini sono piloti sottomarini molto capaci. Si può dire che l'abilità con cui si muovono sott'acqua compensi di gran lunga la loro incapacità di volare. I pinguini vivono nell'emisfero australe, sulla penisola antartica. Il marchio di fabbrica del pinguino gentoo qui disegnato è la livrea bianca e nera e il becco arancio acceso.

NUOTATORE PROVETTO

2 Non solo per bellezza

Oltre al bellissimo colore, le zampe del pulcinella di mare sono dotate di altre caratteristiche utili: tra queste, i piedi palmati, che lo aiutano a nuotare meglio e a saltare agilmente da una roccia all'altra quando si trova sulla terraferma.

3 In volo

Nonostante il pulcinella di mare abbia ali piuttosto corte, è un pilota abile e veloce. A differenza del pinguino, è dotato di ossa cave e ha una struttura leggera che gli consente di alzarsi in volo più facilmente. È in grado di sorvolare il mare per giorni alla ricerca di qualcosa da mangiare.

1 Che eleganza!

Livrea bianca e nera, becco colorato… È un pinguino? No, è un pulcinella di mare. Sebbene il loro manto abbia lo stesso colore, il pulcinella di mare vanta un becco più vistoso e zampe rosse. È un tipo appariscente solo quando si tratta di trovare un partner, però; il resto dell'anno torna a vestirsi in modo più modesto.

4 Nato cacciatore

Sott'acqua, i pinguini sono come siluri e acchiappano i pesci aiutandosi con il becco appuntito. Si immergono a grandi profondità e nuotano veloci come fulmini. Quando vanno a caccia non amano allontanarsi troppo; preferiscono restare vicini al nido.

5 Tutti insieme!

Come i pulcinella di mare, anche i pinguini amano la compagnia. Di solito le colonie di pinguini si riuniscono sulla riva, per restare vicini all'acqua. I nidi vengono costruiti in modo che non rischino di allagarsi. I materiali usati sono quelli a portata di mano: pietre, rametti, erba e piume.

4 Sott'acqua

Il pulcinella di mare è ghiotto di piccoli pesci, crostacei e seppie. Quando si tuffa in acqua alla ricerca di una preda, può raggiungere i 60 metri di profondità. Per muoversi, sfrutta la spinta che si dà con le ali e usa le zampe per sterzare. Il grosso becco gli serve per catturare quanti più pesci possibili e portare tanto cibo alla famiglia.

5 Il nido di famiglia

I pulcinella di mare sono uccelli socievoli e nidificano in vaste colonie su scogliere a picco sul mare. Di solito scavano cunicoli o si accontentano di una crepa o di una tana abbandonata da un altro animale.

3 Denti sfavillanti

Poiché l'alligatore ha la bocca più larga del coccodrillo, quando la tiene chiusa non ci sono denti che spuntano fuori. Gli piace però metterli in mostra per avvisare il nemico di tenersi alla larga.

1 Le fauci? Una morsa

La bocca dell'alligatore è più larga e arrotondata di quella del coccodrillo e ricorda la forma di una U. Ciò potrebbe dipendere dal tipo di prede di cui si ciba: l'alligatore è in grado di rompere persino il carapace di una tartaruga.

2 Acqua dolce o salata?

Gli alligatori amano le zone d'acqua dolce acquitrinosa: paludi, stagni o fiumi. Nonostante le ghiandole per eliminare il sale siano simili a quelle dei coccodrilli, non funzionano così bene. È per questo che preferiscono le zone d'acqua dolce.

Coccodrillo

Nel mondo esistono varie specie di coccodrilli: in tutto sono 11 gruppi imparentati alla lontana che vivono vicino all'acqua in zone con clima caldo. A prima vista potresti anche non accorgerti della loro presenza, perché trascorrono molto tempo immobili sotto la superficie dell'acqua, nell'attesa che si avvicini un'ignara preda.

CREATURA
CORAZZATA

Alligatore

Non capita spesso di vedere un alligatore: questo animale vive unicamente in alcune zone dell'America del Nord e della Cina. Per questo ne esistono soltanto due specie: l'alligatore americano e l'alligatore cinese. È un ottimo cacciatore con eccellenti armi a disposizione: un corpo rivestito da un'armatura impenetrabile e una sfilza di denti affilati.

GIGANTE DELLE PALUDI

2 Habitat naturale

Ai coccodrilli non dispiace l'acqua salata: la loro lingua è dotata di ghiandole speciali in grado di eliminare il sale in eccesso. Di solito prediligono le foreste di mangrovie, dove l'acqua dolce si mischia a quella salata.

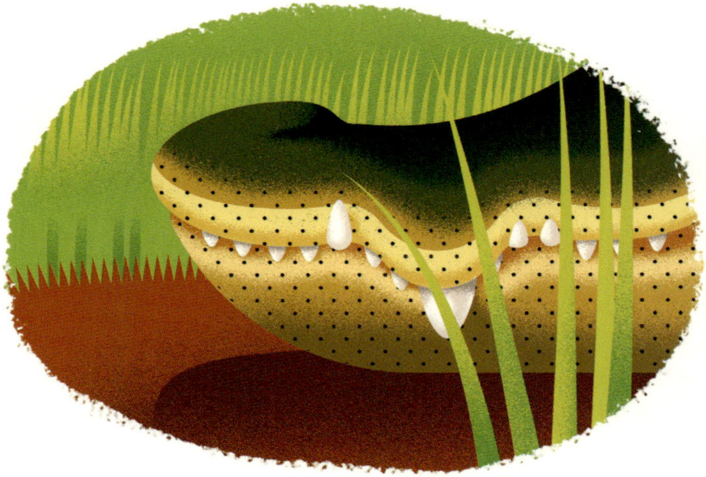

3 Sorrisi da coccodrillo

Il coccodrillo sorride sempre: anche quando chiude la bocca, spunta fuori il quarto dente inferiore, quello più lungo. Tuttavia, meglio non farsi ingannare da questo aspetto "amichevole"!

1 Tratti affilati

La bocca del coccodrillo non ha eguali e non ci si può proprio scherzare. La parte anteriore è allungata e appuntita e dona alla bocca l'aspetto di una V. Per quanto riguarda l'alimentazione, il coccodrillo non è un animale schizzinoso: apprezza pesci, rettili e perfino mammiferi.

4 Colori alla moda

Gli alligatori hanno la pelle color grigio scuro o verdastro, a seconda di dove vivono. Gli esemplari giovani ce l'hanno scura a strisce gialle, che si scuriscono con il tempo.

5 Cure materne

L'alligatore femmina si prepara con cura all'arrivo dei suoi piccoli: sceglie un luogo isolato ricoperto da fitta vegetazione, che utilizza per costruire il nido. Qui depone le uova, da cui spunteranno i piccoli alligatori. La madre si occuperà di loro finché non saranno autosufficienti.

4 Quasi invisibile

La pelle dei coccodrilli è di una tonalità chiara di grigio-verde. Gli esemplari più giovani hanno strisce più scure. I colori che li contraddistinguono consentono loro di mimetizzarsi perfettamente con l'ambiente: a volte vengono scambiati per tronchi galleggianti!

5 Cuccioli

Sebbene alcune femmine di coccodrillo costruiscano nidi, la maggior parte di loro scava delle buche sulla riva del fiume per deporvi le uova. Quando i piccoli fanno capolino, la madre li aiuta a uscire e spesso li porta in un posto più sicuro vicino all'acqua.

3 Strumento difensivo

Proprio come le loro parenti acquatiche, le tartarughe di terra sono dotate di carapace, che le protegge. Hanno una corporatura più arrotondata e robusta delle tartarughe marine. Nonostante questo, però, sono anche molto sensibili: il loro carapace è in grado di percepire pressione e dolore, proprio come le nostre unghie.

1 Creatura di terra

A differenza delle tartarughe marine, che non sopravvivono fuori dall'acqua, le tartarughe di terra amano la terraferma. A volte capita si facciano un tuffo, ma nulla di particolarmente avventuroso. Gli habitat delle tartarughe di terra sono vari e vanno dai deserti alle foreste tropicali.

2 Piccoli elefanti

Cos'hanno in comune le tartarughe e gli elefanti? Le zampe! Entrambi le hanno corte e robuste. Non sono molto adatte a nuotare; meglio usarle per camminare e scavare buche nella terra per stare al fresco. Le zampe robuste servono anche per sostenere il peso del carapace.

Tartaruga d’acqua

Nel regno animale, non esiste un rettile che la sappia più lunga della tartaruga d’acqua. I primi esemplari al mondo convivevano con i dinosauri. Le tartarughe d’acqua non amano la terraferma; preferiscono ambienti acquatici, per i quali sono ben equipaggiate. Hanno un ruolo estremamente importante per l’ambiente e per questo dovremmo proteggerle.

ESPLORATRICE SUBACQUEA

Tartaruga di terra

Questo rettile corazzato conduce una vita piuttosto solitaria. Le tartarughe di terra sono creature innocue che si cibano di vegetali e amano la pace e la tranquillità. Possono raggiungere la veneranda età di cento anni: la calma e la compostezza che le contraddistinguono sono probabilmente la loro ricetta segreta per la longevità. Non c'è da stupirsi che siano anche animali domestici molto apprezzati.

LENTA E PACIFICA

2 Dotazioni speciali

Tutte le tartarughe hanno in comune una caratteristica specifica: il guscio o carapace che ne riveste il corpo. Non tutti i carapaci sono uguali, però. Quelli delle tartarughe acquatiche sono larghi, piatti e lisci, per facilitare i movimenti sott'acqua. Possono avere decorazioni e colori diversi.

3 Perché le tartarughe piangono

Visto che trascorrono praticamente tutta la vita nell'acqua, le tartarughe acquatiche possiedono un'attrezzatura da fare invidia ai subacquei più forniti. Le loro zampe si sono trasformate in vere e proprie pinne per nuotare. Speciali ghiandole lacrimali, inoltre, permettono loro di eliminare il sale in eccesso che assorbono bevendo acqua salata.

1 Habitat naturale

Le tartarughe marine vivono sia nelle zone d'acqua dolce (laghi e fiumi, per esempio) che in quelle d'acqua salata (mari e oceani). Trascorrono la maggior parte del tempo in acqua e si avventurano sulla terraferma solo in alcuni casi, per esempio quando vogliono prendere un po' di sole o sono pronte a deporre le uova.

4 Dieta vegetariana

Alle tartarughe di terra non piace molto la carne; preferiscono seguire una dieta vegetariana. Quelle allo stato brado si cibano di erba, fiori e persino cactus. Se hai una tartaruga domestica, saprai sicuramente che è ghiotta di lattuga e trifoglio.

5 Piccoli di tartaruga

Prima che una tartaruga femmina si decida a deporre le uova, prepara 4 o 5 nidi. Dopo un'attenta valutazione sceglie quello che ritiene più adatto, depone le uova, le nasconde e se ne va. Dopo circa otto mesi dai gusci spuntano i piccoli, già abbastanza grandi, intelligenti e curiosi.

4 Buone forchette

Le tartarughe acquatiche non sono per niente schizzinose, quando si tratta di cibo. Quelle piccole sono ghiotte di plancton. Quando crescono cominciano a seguire una dieta più varia, composta da alghe e da meduse.

5 Nidi sulla spiaggia

Quando arriva il momento di mettere su famiglia, tocca alla mamma fare i preparativi per accogliere i neonati: parte per un lungo viaggio fino ad arrivare alla spiaggia dove è nata, scava una buca aiutandosi con le pinne e depone fino a 115 uova. Poi ricopre il nido e torna nel mare. Quando i piccoli vengono alla luce, si dirigeranno istintivamente verso l'acqua.

3 Occhio al pungiglione

Le femmine di vespa hanno un pungiglione appuntito e affilato: lo usano per deporre le uova, che poi diventeranno larve. Il pungiglione, però, ha anche una funzione di difesa: quando la vespa si sente in pericolo, attacca ripetutamente pungendo la vittima e rilasciando il suo veleno.

1 Slanciata ed elegante

Il corpo di questa creatura a strisce è perfetto per volare rapidamente: è liscia e slanciata, con la vita sottile. Le strisce gialle e nere che la ricoprono fungono da deterrente e lanciano un segnale molto chiaro: attenzione!

2 Golosa di frutta

La vespa è dotata di mandibole forti che le permettono di succhiare il nettare dei fiori e mangiare la polpa dei frutti. Dai un'occhiata al segno che lascia su un frutto. I piccoli di vespa, invece, si cibano di una grande varietà di piccoli insetti.

Ape

Parliamo di un insetto volante a strisce che a volte può provocare dolorose punture. Queste caratteristiche accomunano le api e le vespe; solo le prime, però, sono state addomesticate dall'uomo e sfruttate per i loro benefici. Senza queste importanti impollinatrici, il mondo sarebbe completamente diverso e difficile da immaginare.

UTILE, ANZI NECESSARIA

Vespa

Di solito le vespe vengono considerate insetti fastidiosi in grado di rovinare una piacevole gita estiva. Non è giusto essere così severi, però: anche loro, come le api, hanno un ruolo importante in natura. Oltre a impollinare determinate piante, ci aiutano a liberarci di parassiti che portano malattie.

LOTTATRICE
CONTRO I
PARASSITI

2 Dolce nettare

Le api sono dotate di proboscide, una sorta di lingua che consente loro di succhiare il nettare dai fiori. Oltre al nettare raccolgono anche il polline, che conservano nei piccoli cestini di cui sono dotate sulle zampe posteriori. Poiché volano di fiore in fiore, aiutano anche a impollinare le piante.

3 Vendetta dolorosa

Essere punti da un'ape non è piacevole, nemmeno per l'ape! Il pungiglione, infatti, termina con un uncino che rimane ancorato alla pelle della vittima. Ciò significa che il pungiglione viene letteralmente strappato dal corpo dell'ape. È per questo che può pungere una volta sola.

1 Insetto peloso

Questo piccolo insetto peloso ama ronzare qua e là tra i fiori. Il suo corpo è ricoperto da sottili peli che si impregnano del polline. L'ape da miele è di un bel colore marrone-dorato.

4 Eccellenti architetti

Ci sono vespe che amano la solitudine e altre che invece preferiscono la vita in comunità. Le loro case sono fatte di un materiale simile alla carta, che ricavano dalla legna vecchia e masticano finché non ottengono una polpa con cui costruiscono le pareti e le stanze. I lavori cominciano trovato il luogo adatto.

5 Cacciatrici utili

Le vespe sono abili cacciatrici con un ruolo molto importante. Cacciano le mosche, i bruchi e altri insetti nocivi che possono fare danni. Gli insetti che acchiappano diventano cibo per i loro piccoli, le larve.

4 Le case delle api

Buona parte delle api ama la compagnia e vive in colonie nei nidi costruiti con la cera, una sostanza prodotta dall'addome delle api operaie. Con la cera, le api costruiscono alveari bellissimi e perfettamente geometrici. Ogni esemplare ha un ruolo fondamentale nell'alveare.

5 Alleate importanti

Le api sono fondamentali, perché giocano un ruolo prezioso in natura: impollinano i fiori e ne consentono la crescita. Inoltre con il nettare raccolto fanno il miele, nutriente e delizioso!

3 Manto morbidissimo

Vivere sulle fredde montagne sudamericane non è di certo facile, ed è per questo che gli alpaca hanno un manto molto caldo. Questa speciale caratteristica ha attirato l'attenzione degli uomini, che da moltissimo tempo ne usano la lana per produrre vestiti.

1 Tutto da coccolare

In confronto al lama, l'alpaca ha la testa più piccola e le orecchie più dritte e appuntite. A differenza del primo, ha la testa ricoperta da peli lunghi e folti, che gli danno l'aspetto di un tenero peluche da coccolare.

2 Piccoli ma utili

Gli alpaca sono più piccoli dei lama, ma in compenso hanno un bellissimo manto folto. A causa della stazza minuta, non possono essere utilizzati come animali da soma e per questo vengono allevati per la qualità della lana ricavata dal loro manto.

Lama

Sebbene sia imparentato con il cammello, a differenza di quest'ultimo non ha gobbe. È un animale con poche esigenze, che ama pascolare sugli altipiani dell'America del Sud. Assieme agli alpaca, fu addomesticato più di 5000 anni fa. Non c'è da stupirsi, perché questi animali sono sempre stati di grande utilità, aiutando molte famiglie sudamericane a trasportare carichi pesanti.

AIUTANTE AUDACE

Alpaca

L'alpaca è facilmente confondibile con il lama, così come con i suoi parenti selvatici, il guanaco e la vigogna. Ricorda: l'alpaca è più piccolo del lama ed è caratterizzato da un manto folto, che gli consente di sopravvivere al clima rigido delle Ande. Con la sua lana vengono fabbricati i tradizionali e coloratissimi poncho.

AMICO PELOSO

2 Il gigante delle Ande

Il lama non è certo minuto: ha un corpo robusto e gambe lunghe e affusolate. Tra le quattro specie di lama, il lama domestico è sicuramente il più grande. Considerata la sua forza, non c'è da stupirsi che venga utilizzato come animale da soma.

3 Grande resistenza

Il lama ha una grande resistenza alla fatica ed è un aiuto importante per trasportare pesi su lunghe distanze. Un lama maschio può sollevare un carico fino a un quarto del suo peso! Nelle zampe ha un cuscinetto che gli consente una notevole aderenza, e quindi di muoversi in sicurezza lungo sentieri stretti e rocciosi.

1 Look basico

Il lama ha la testa allungata con due orecchie lunghe, curve e dalla forma bizzarra che ricorda vagamente una banana. Il lama non ha una capigliatura folta e il suo look risulta piuttosto ordinato.

4 La lana più pregiata

Con il manto dell'alpaca si produce una lana soffice e pregiata, disponibile in vari colori: il manto dell'alpaca, infatti, ha tante sfumature diverse (dal bianco al giallo fino al marrone e al nero), è molto folto e ricresce rapidamente.

5 Amichevole

In confronto ai loro cugini, gli alpaca sono più timidi, ma anche più amichevoli. Amano stare in compagnia dei loro simili, perché si sentono al sicuro. Vista la loro natura socievole, vengono allevati in greggi numerosi come le pecore o le capre.

4 Lana grezza

Il manto del lama è composto da due strati, che lo proteggono dalle temperature rigide della montagna. Lo strato esterno è grezzo, mentre quello interno è più soffice. Il suo manto, in ogni caso, non è adatto per ricavare la lana; è meglio farci corde o tappeti.

5 Guardie attente

Sebbene siano animali che vivono in gregge, i lama sono piuttosto indipendenti e non hanno un gran bisogno di socializzare. Spesso fanno da guardia ai greggi di pecore o di alpaca. Quando si sentono minacciati, sputano addosso al nemico senza esitazione!

3 Predatore

I microchirotteri sono carnivori e golosi di insetti. Alcuni preferiscono le rane o il sangue (per fortuna solo quello animale!).

1 Bellezza poco apprezzata

Orecchie enormi, occhi piccoli e nasino schiacciato: sono queste le caratteristiche distintive dei microchirotteri. Alcuni li detestano, ma non ci sono ragioni per farlo: forse non saranno bellissimi, ma sono animali tranquilli e utili.

2 Radar incorporato

Le falene temono questo predatore notturno. Nonostante abbia occhi piccoli, ci vede bene. Nonostante ciò, sfrutta maggiormente la cosiddetta ecolocalizzazione, che gli consente di orientarsi e di catturare le prede direttamente in volo: le grandi orecchie di cui è dotato percepiscono i suoni riflessi dagli ostacoli sul suo cammino.

Megachirottero

I megachirotteri fanno parte della famiglia dei chirotteri, cioè dei pipistrelli. Sono attivi prevalentemente di notte e, come gli altri esemplari della specie, hanno ali che permettono loro di percorrere lunghe distanze quando sono alla ricerca di cibo. La loro alimentazione consiste prevalentemente di nettare e frutta. In generale, non amano la carne.

GROSSI ANIMALI VEGETARIANI

Microchirottero

I microchirotteri sono piccoli pipistrelli che suscitano paure ingiustificate: in realtà sono animali affascinanti e utilissimi! Sono gli unici mammiferi in grado di volare e, grazie alle loro abitudini alimentari, contribuiscono a mantenere l'equilibrio in natura. La prossima volta che vedi un pipistrello, non avere paura!

PICCOLO DIVORATORE DI INSETTI

2 Dotazioni eccellenti

Gli occhi grandi di cui sono dotati i megachirotteri donano loro una visione eccellente, anche notturna. Anche l'olfatto è ottimo e consente loro di individuare le prelibatezze più deliziose. A differenza dei microchirotteri, i megachirotteri non usano l'ecolocalizzazione: non serve, perché la frutta... non scappa!

3 Animali golosi

Generalmente i megachirotteri sono vegetariani, anche se c'è qualche eccezione. Quelli che succhiano il nettare hanno la lingua lunga, in modo da raggiungere la parte interna del fiore. Chi preferisce la frutta, invece, è dotato di una lingua più larga e muscolosa.

1 Piccola volpe

I megachirotteri hanno un aspetto davvero tenero: occhi grandi, muso allungato simile a quello di una volpe e orecchie proporzionate. Queste non sono così fondamentali come per le altre specie di pipistrelli. Come suggerisce il nome, i megachirotteri sono più grandi dei microchirotteri.

4 Buonanotte!

I microchirotteri di solito sono attivi al crepuscolo e di notte. Durante il giorno riposano in luoghi appartati, come le caverne. Alcuni preferiscono i nidi delle termiti o le cavità all'interno degli alberi, ma anche strutture costruite dall'uomo, come i ponti.

5 Creature utili

I microchirotteri sono diffusi in tutto il mondo e differiscono unicamente per le loro dimensioni. Tuttavia, c'è una caratteristica che condividono: sono estremamente utili all'uomo! Questo perché ogni notte catturano moltissimi insetti, soprattutto quando fa caldo. Se non ci fossero loro, gli insetti prolifererebbero e causerebbero danni.

4 A testa in giù

Dopo una nottata estenuante, tutti hanno bisogno di riposare. Preferibilmente in compagnia! Come le altre specie di pipistrelli, i megachirotteri dormono a testa in giù, con le ali avvolte attorno al corpo come una coperta. Di solito scelgono luoghi con alberi alti e vicino a corsi d'acqua, dove la temperatura è perfetta per i loro gusti.

5 Impollinatori

I megachirotteri vivono principalmente nelle aree tropicali, dove c'è abbondanza di frutta dolce e succosa. Sono animali molto importanti, perché impollinano le piante e sparpagliano i semi. Come fanno? Quando succhiano il nettare, il polline rimane attaccato ai peli che ricoprono il loro corpo. Quando invece mangiano la frutta, i semi vengono poi espulsi e sparsi con gli escrementi.

3 Tutti insieme

I calamari vivono nell'oceano aperto, dove possono nuotare in libertà. Alcune specie vivono in profondità. Di solito nuotano in gruppo, detto anche banco.

1 Come un siluro

I calamari hanno la testa triangolare e il corpo di forma simile a un siluro. A differenza dei polpi, sulla testa hanno una pinna che ricorda una gonna e che li aiuta a mantenere l'equilibrio e a sterzare quando nuotano lentamente.

2 Braccia e tentacoli

I calamari hanno due braccia in più dei polpi, quindi in tutto ne hanno dieci. Queste due braccia in più si chiamano tentacoli e sono più lunghe delle altre otto.
Utilizzati principalmente per cacciare, i tentacoli sono dotati di ventose alle estremità e ricordano degli uncini o delle piccole seghe.

Polpo

Ecco il polpo, un intelligentissimo esemplare della famiglia dei cefalopodi! Vive nell'acqua salata, dove nuota con grande abilità. Quando è in difficoltà, adotta molti trucchi per difendersi: può fuggire nuotando via velocissimo, nascondersi in una nube di inchiostro nero o semplicemente cambiare colore rendendosi quasi invisibile.

ABILE ILLUSIONISTA

Calamaro

Come il polpo, anche questo cefalopode ha una grande inventiva. Polpi e calamari sono diversi, ma anche molto simili. A differenza del polpo, il calamaro preferisce stare in compagnia. È un animale molto intelligente con alcune caratteristiche bizzarre: lo sapevi che, proprio come il polpo, ha tre cuori e il sangue blu?

PIENO DI INVENTIVA

2 Braccia

Facciamo i conti: riesci a contare quante braccia ha il polpo? Sono otto! Non sono retrattili e sono dotate di una o due file di ventose. Il polpo le utilizza per muoversi, sentire, toccare, assaggiare e cacciare.

3 Solo soletto

I polpi sono creature solitarie. Di solito vivono sul fondale marino o vicino alle barriere coralline, ma alcuni preferiscono le profondità del mare. Sono animali che apprezzano la quiete e la tranquillità e per questo spesso si nascondono nelle fessure rocciose.

1 Corpo

Come si riconosce un polpo? Dai un'occhiata alla testa: la testa del polpo è rotonda e il resto del corpo è morbido e flessibile, per consentirgli di raggiungere anche le fessure e gli angolini più piccoli. Un gioco da ragazzi, se non hai uno scheletro rigido!

4 Cacciatore abile

I calamari usano i tentacoli per catturare le prede (principalmente pesci e gamberetti). Dopo averne catturata una, la masticano con la radula, una struttura rigida simile a un becco che si trova nella bocca. Quando cacciano, di solito lo fanno in gruppo per aumentare le probabilità di successo.

5 Ciclo vitale

I calamari fanno migliaia di uova. A differenza dei polpi, però, le depongono sulle alghe. Una volta che le uova si schiudono, la madre va incontro allo stesso triste destino del polpo femmina.

4 Pericolo nascosto

Il polpo è un cacciatore solitario ed esperto. Generalmente va alla ricerca di vari tipi di crostacei, come i granchi. Il polpo cattura la preda con le braccia e le inietta un veleno che la immobilizza.

5 Cura delle uova

I polpi nascono da uova di cui si prende cura il polpo femmina. Le uova sembrano appese a un filo: di solito si trovano nella loro tana e vengono controllate con cura finché non nascono i piccoli. L'impegno è così estenuante che il polpo femmina muore subito dopo la nascita dei figli.

DoReMi è un marchio EDICART Style
Via Jucker, 28 - Legnano (MI) - Italia
Autrice: *Pavla Hanáčková*
Illustratrice: *Ana Miminoshvili*
Titolo originale: *Animal Lookalikes*
Traduzione dall'inglese di *Chiara Cozzolino*

www.edicart.it